AXOLOTL CONSTELLATION
CONSTELACIÓN AXÓLOTL

AXOLOTL CONSTELLATION
CONSTELACIÓN AXÓLOTL

by

Alejandro Reyes Juárez

Bilingual edition

Translated from Spanish and edited

by

Arthur Gatti
and
Roberto Mendoza Ayala

Prologue by
Balam Rodrigo

Photographs by
Silvia Carbajal Huerta

Cover design by
Alonso Venegas Gómez
based on a photograph by Silvia Carbajal Huerta

PUBLISHING
NEW YORK • MÉXICO

2017

Copyright © 2017 by Alejandro Reyes Juárez

All rights reserved. This book or any portion thereof may not be reproduced or used in any manner whatsoever without the express written permission of the publisher except for the use of brief quotations in a book review or scholarly journal.

First Printing: 2017

ISBN: 978-0-9982355-3-0

Designed and typeset in New York City by:

Darklight Publishing LLC
8 The Green Suite 5280
Dover, DE 19901

Contents

Prologue by Balam Rodrigo 9

Translations

March	A	26
	B	28
	C	30
April	A	34
	B	36
	C	38
May	A	40
	B	42
	C	44
June	A	46
	B	48
	C	50
July	A	52
	B	54
	C	56
August	A	60
	B	62
	C	64
September	A	66
	B	68
	C	70
October	A	72
	B	74
	C	76

November	A	78
	B	80
	C	82
December	A	86
	B	88
	C	90
January	A	92
	B	94
	C	96
February	A	98
	B	100
	C	102
March	D	104
	E	106

Rotation

23:44	112
7:18	114
11:25	116
17:37	118
19:44	120
4:04	122
00:00 a	124
b	126
c	128
d	130
e	132
f	134

Alejandro Reyes Juárez 136

Índice

Prólogo de Balam Rodrigo 15

Traslaciones

Marzo........... A 27
            B 29
            C 31

Abril........... A 35
            B 37
            C 39

Mayo........... A 41
            B 43
            C 45

Junio........... A 47
            B 49
            C 51

Julio............ A 53
            B 55
            C 57

Agosto......... A 61
            B 63
            C 65

Septiembre..... A 67
            B 69
            C 71

Octubre......... A 73
            B 75
            C 77

Noviembre	A	79
	B	81
	C	83
Diciembre	A	87
	B	89
	C	91
Enero	A	93
	B	95
	C	97
Febrero	A	99
	B	101
	C	103
Marzo	D	105
	E	107

Rotación

23:44		113
7:18		115
11:25		117
17:37		119
19:44		121
4:04		123
00:00	a	125
	b	127
	c	129
	d	131
	e	133
	f	135

Alejandro Reyes Juárez 137

Prologue

Alejandro Reyes' liquid, telluric and amphibian poetry: *Axolotl Constellation*

by Balam Rodrigo

1.

Tireless, and a keen reader of the world, the poet not only apprehends what happens around him, but within him, in order to create and recreate universes with his craft. Nothing escapes his incisive reading of the cosmos, of the elements, of everything that obsesses him.

But neither the trite miracle of ornament in series, nor the false and sweetened sumptuousness of artificial beauty that now swarms everywhere, stirs the poet, but what does is the supposedly small facts, the apparent insignificance of common things.

Through his usual wandering along the worn paths of daily life, and faced with the domestic vulgarity others need to deal with the act of existing, the poet keeps alive the forgotten animal of astonishment that inhabits him.

And in order to liberate it—from the chains of mediocrity, or from the prison of ignorance—he feeds his innocent and primal curiosity about everything that surrounds him with subtle crumbs of instinct, with slices of paradoxical matter, with drops of music and silence and with the same old words: the exact and reminiscent matter from which all beings and things are made.

Alejandro Reyes is clearly one of those poets, a writer capable of transforming the world into the image and likeness of the drives that besiege him, and whose poems—labyrinthine mirrors—turn to reflect our true *self*: the unmasked *Other*—cleanly human, naked.

2.

In *Al Filo* (México, Tintanueva Ediciones, 2013), Alejandro's previous book of poetry, what is obvious is the constant nostalgia for the natural unity of the urban man, postmodern and off-centered, immersed in a subverted Eden and besieged by the sharp edges of the city and its abysses: misery, violence, routine, mechanical bureaucracy and the indomitable gibberish of the asphalt.

The manifest yearning for the small gardens, streets and memories of a once-less-populated city—the provincial oasis of his childhood—in which the lyrical self of *Al Filo* roams freely, soon finds its banks devastated and its ruins risen right before the territories of barbarism and dehumanization without limits: enforced disappearance of women and migrants, hanged and wounded corpses, clandestine graves, assassins and narcos in a perpetual struggle, the "natural" result from the costly fratricidal war of and against drug cartels sustained by Mexico's government along two decades.

If at first we find in *Al Filo* the *flâneur* who looks for lost time, and for the beings and places of his affection, as he wanders through the streets of the city and his memory, very soon his gaze and the object of his melancholy abandon the traditional paths to transform these objects and places into subjects and places of impotence and aversion: he witnesses the crudeness of a chronicle of brutality and exacerbated violence as one of the darkest passages in the history of Mexico, whose scenarios are everywhere, including the city of the *flâneur* and the whole country.

The initial and joyous frailty of the urban idler of *Al Filo*—born from nostalgia and aesthetic hedonism—soon is transformed into a migration without destination by a *voyeur* who no longer reads the changing signs of his environment through romantic vocation or taste, but he is forced to wander among the rubble that surrounds him in order to write and denounce the horrors, as a witness with no other pencils than those of his impotence and pain, and with no other pages than those of his own body.

However, not everything is lost for the poet, and even in the most brutal ignominy his words are able to light an ember, to light with that tiny fire the darkness of the abyss, to burn the infamy with the unquenchable bonfire of his voice. The elements of the natural environment, its primitive garden, are his handle; the continent of the flesh, the voluptuousness of Eros—in spite of its brevity—his lifesaver; the stories of the netherworld, his faith and certainty.

Being just glimpses in *Al Filo*, the natural luxury, the eroticism and a hopeful pre-Hispanic myth are the constants in *Axolotl Constellation*, a celebratory book full of amatory lubricity and a continuous verbal richness, whose explanatory spirit is the mythical Axolotl, "monster of water" in Nahuatl, a watery metamorphosis of Xolotl, the misshapen twin of the Mexican god Quetzalcoatl, who refused to offer his life in a ritual sacrifice like other gods did. As a result of this, the movement of the stars and the birth of the Fifth Sun was restrained, according to the Teotihuacan legend.

In order to escape his executioners and the impending holocaust, fearing death, Xolotl relinquished his powers by transforming himself first into maize cobs, then into a maguey plant, and finally into the aquatic axolotl (ajolote), the form in which he was finally killed.

Thus, while in *Al Filo*, the intertextual dialogue is mostly established with poems and authors of funerary character and testimonial vocation (there are a few of vital lyricism) the intertextuality of *Axolotl Constellation*, on the contrary, is limited to a small number of authors and is more decisive in its thematic significance (carnal love), the poetic scope of the myth that animates it (the metamorphosis of Xolotl) and in the symbolic axolotl as animal of perennial youth (natural inhabitant of the Valley of Mexico, like the author), aspects that underlie the reading of the poems and enhance their imaginative flow.

3.

As a mirror of kinetic dualities, *Axolotl Constellation* is defined by a pair of movements into its scriptural space—*Translations* and *Rotation*—sections that correspond intrinsically with two temporalities (months and hours/minutes) between which travel the lyrical self and the numerous beings that populate its particular universe, always heading into the future—the eternalized and unreachable present.

Returning to the thesis proposed by the writer Roberto López Moreno[1], it is possible to conceive the poetic structure of *Axolotl Constellation* based on two metaphorical lines: the horizontal, to which would correspond its translational movement, and the vertical, of clear rotational tendency.

In this way, and supported from the horizontality of a poetry written in prose along almost all of its pages, the elements and images found in *Translations* are precisely telluric. In the first place, the vast territory of carnal love, the skin, is a page always unpublished, in which the poet inscribes—either with the tongue or with the phallus—invisible signs on the woman, the perennial owner of his landed moorings. Other symbols represent the horizontal plane: water (sea, rain, lagoon, snow), animals and plants of the primitive garden (attached to the ground, to the sea, or just crawlers) and mirrors, whose linear surface is an allegory of copulation, since it also "multiplies men".

In the second instance, the vertical axis of the book (which includes poems of *Translations* and also *Rotation*) relates to aerial elements: sky (clouds, wind), stars (constellations), treetops, birds (albatross, gulls, herons), bats, insects (fireflies, butterflies), cactus (*biznagas, pitahayas*) and some supernatural beings (angels and ghosts).

In the true place of transformations, at the angle created by the intersection of the two poetic axes of *Axolotl Constellation,* the resurrection of the flesh happens through the copulation of the opposites (masculine-feminine), and the encounter of the earthly versus the ethereal which gives place to the liquid and neotenic drive of man, always immature, larval, seeking to avoid death by extending the flesh in the flesh itself (thanks to the constant metamorphosis of coitus), where the terrestrial tongue and the ethereal heart tangle and annihilate each other, amphibious poetry in which the axolotl is flying and dwelling: mirror and image of ourselves, the seductive son of time.

---

[1] "In that way, the iguana and the hummingbird, the horizontal and vertical of the Latin American universe, are not in a central tangle like the eagle and the snake, but starting from the vertex that they form to the left of the plane, establish an organic reality in which is represented the intellect of our America." [López Moreno, R., *Morada del colibrí (Poemurales)*, México, National Polytechnic Institute, 2004, pp. 10.]

Although the axolotl is a symbolic and earthly projection of the phallus (horizontal and vertical), the derived vertex represents the sex of the woman (fold, abyss, vulva, clitoris): angular pool of the sky, water of mirrors reproducing the flesh and erasing it with fire —amphibious substance in which man and woman immolate themselves in copulatory sacrifice to be reborn, naked again, but always as axolotls.

Conjunction of floral (vertical) vegetality and amphibian (horizontal) animality, celebration of the mythical and human duality, the translational and rotational movement of the poems of *Axolotl Constellation* is a concentric trip without return of the poet inside himself, and an eccentric flight in the flesh of the woman, the place of writing where the everlasting carnal passions of the poet tattoo the perennial traces of his amatory and vital transmutation.

4.

A salamander in immutable larval state and in danger of extinction, the axolotl (*Ambystoma mexicanum*) is an amphibian endemic to Mexico City, a strict carnivore capable of regenerating almost any part of its body.

Symbol of Mexicanness, and marvel of biological evolution, many authors have written about this small animal. With perplexity, Julio Cortázar said "now I am an axolotl"; the lubricious Juan José Arreola imagined it as "*lingam* of transparent genital allusion"; Octavio Paz named it "the ancient name of the fire," and Roger Bartra caged the Mexicans in the childish melancholy of the axolotl, because according to José Emilio Pacheco, it "embodies the fear of being nobody."

Heir to the same literary tradition, the poet Alejandro Reyes has written about hybrid and amphibian flesh on these pages, his metamorphic and mythical *Axolotl Constellation*, whose incandescent and vital poetry will regenerate the spark of astonishment in the reader; in the poet's words: "as axolotl, I keep traveling to nowhere." Such is our origin and destiny.

San Cristóbal de Las Casas, Chiapas, Central América, March 2017

Prólogo

La poesía líquida, telúrica y anfibia de Alejandro Reyes: *Constelación Axólotl*

por Balam Rodrigo

1.

Infatigable y agudo lector del mundo, el poeta no sólo aprehende lo que sucede a su alrededor, sino dentro suyo, para crear y recrear universos con su oficio. Nada escapa de su incisiva lectura del cosmos, de los elementos, de todo aquello que lo obsesiona.

Pero ni la trillada milagrería del ornamento en serie, ni la falsa y edulcorada suntuosidad de la belleza artificial que hoy pulula por doquier conmueven al poeta, sino los hechos pretendidamente nimios, la aparente insignificancia de las cosas comunes.

En su diaria errancia por los gastados caminos de la vida cotidiana y frente a la doméstica vulgaridad con que los demás afrontan el acto de existir, el poeta mantiene vivo el olvidado animal del asombro que lo habita.

Y para liberarlo —ya de las cadenas de la mediocridad, ya de la prisión de la ignorancia— alimenta su antigua y primigenia curiosidad adánica por cuanto lo rodea con sutiles migajas de instinto, con trozos de materia paradójica, con gotas de música y silencio, con las mismas palabras de siempre: exacta y mnémica materia de la que están hechos todos los seres y las cosas.

Alejandro Reyes es, precisamente, uno de esos poetas, un escritor capaz de transformar el mundo a imagen y semejanza de las pulsiones que lo asedian y cuyos poemas —espejos laberínticos— devuelven y reflejan nuestro *yo* verdadero: el *Otro* sin máscaras, limpiamente humano, desnudo.

2.

En *Al filo* (México, Tintanueva Ediciones, 2013), anterior libro de poesía de Alejandro, es patente la constante nostalgia por la unidad natural del urbanita posmoderno y descentrado, inmerso en un edén subvertido y sitiado por los filosos bordes de la ciudad y sus abismos: miseria, violencia, rutina, burocracia maquinal y el indomable galimatías del asfalto.

La manifiesta añoranza por los pequeños jardines, calles y memorias de una urbe antaño menos poblada —oasis pueblerino de la infancia— en los que vaga libremente el yo lírico de *Al filo*, pronto ven devastadas sus orillas y sus ruinas se alzan justo frente a los territorios de la barbarie y la deshumanización sin límites: desaparición forzada de mujeres y migrantes, cadáveres colgados y encintados, fosas clandestinas, sicarios y narcos en eterna pugna, "natural" resultado de la costosa guerra fratricida de y contra los cárteles del narcotráfico sostenida durante dos décadas por el gobierno de México.

Si en principio hallamos en *Al filo* al *flâneur* que busca el tiempo perdido y los seres y lugares de su afecto al deambular por las calles de la urbe y la memoria, pronto su mirada y el objeto de su melancolía abandonan los tradicionales derroteros para transformar los objetos y lugares de su pasión en sujetos y sitios de impotencia y aversión: presencia la crudeza de una crónica de la brutalidad y la violencia exacerbadas en uno de los pasajes más oscuros de la historia de México, cuyos escenarios son todos, incluidos la ciudad del *flâneur* y el país entero.

La inicial y gozosa errancia del *flâneur* citadino de *Al filo* —surgida de la saudade y el hedonismo estético— cambia pronto por una migración sin rumbo ni destino de un *voyeur testimonial* que ya no *lee* los cambiantes signos de su entorno por vocación romántica o gusto, sino que se ve obligado a errar por los escombros que lo rodean para (d)escribir y denunciar los horrores, testigo sin más lápices que los de la impotencia y el dolor, sin más páginas que las de su propio cuerpo.

Sin embargo, para el poeta no todo está perdido y aún en medio de la más brutal ignominia su palabra es capaz de encender una brasa, de alumbrar con ese fuego minúsculo las tinieblas del abismo y calcinar la infamia con la hoguera inapagable de su voz. Los elementos del entorno natural, su jardín primigenio, son su asidero; el continente de la carne, las voluptuosidades del *eros* —a pesar de su brevedad—, su madero de salvación; los relatos del trasmundo, su fe y certeza.

Apenas atisbos en *Al filo*, el fasto natural, el erotismo y un mito prehispánico esperanzador son la constante en *Constelación Axólotl*, libro por demás celebratorio, pleno de lubricidad amatoria y una continua riqueza verbal cuyo espíritu tutelar es el mítico Axólotl —"monstruo de agua", en náhuatl—, metamorfosis lacustre de Xólotl, deforme gemelo del dios mexica Quetzalcóatl que se negó a ofrecer la vida en sacrificio ritual como los demás dioses, lo que impedía el movimiento de los astros y el nacimiento del quinto sol, de acuerdo con la leyenda teotihuacana.

Para escapar de sus verdugos y del inminente holocausto, temeroso de la muerte, Xólotl echó mano de sus poderes transformándose primero en mazorcas de maíz, luego en planta de maguey y finalmente en el acuático axólotl (ajolote), forma última en la que fue muerto.

Así, mientras en *Al filo* el diálogo intertextual se establece mayormente con poemas y autores de carácter funerario y vocación testimonial (son pocos los de lirismo vital), por contrario, la intertextualidad de *Constelación Axólotl* se ciñe a un reducido número de autores y es más decisiva en cuanto a su significación temática (el amor carnal), los alcances poéticos del citado mito que lo anima (las metamorfosis de Xólotl) y el simbólico ajolote en su acepción de animal neoténico (y habitante natural del Valle de México, como el autor), aspectos que subyacen la lectura de los poemas y potencian su caudal imaginativo.

3.

Espejo de dualidades cinéticas, *Constelación Axólotl* está dado por un par de movimientos en su espacio escritural (*Traslaciones* y *Rotación*), apartados que se corresponden intrínsecamente con dos temporalidades (meses y horas-minutos) entre las que transitan el yo lírico y los numerosos seres que pueblan su particular universo, siempre en dirección al futuro —eternizado e inapresable presente—.

Retomando la tesis propuesta por el escritor Roberto López Moreno[1], es posible concebir la estructura poética de *Constelación Axólotl* fundada sobre dos líneas metafóricas: *horizontal*, a la que correspondería su movimiento traslacional, y *vertical*, de clara tendencia rotacional.

De este modo, y apoyado desde la horizontalidad de una poesía escrita en prosa a lo largo de casi todas sus páginas, los elementos e imágenes hallados en *Traslaciones* son precisamente los telúricos. En primer lugar, el extenso territorio del amor carnal, la piel, página siempre inédita en la que el poeta escribe —ya con la lengua, ya con el falo— invisibles señales en la mujer, dueña perenne de sus amarras terrestres. En la misma sección traslacional del poemario aparecen otros símbolos que representan el plano horizontal: agua (mar, lluvia, laguna, nieve), animales y plantas del jardín primigenio (sujetos al suelo, al mar o reptantes) y los espejos, cuya lineal superficie es alegoría de la cópula, ya que también "multiplica a los hombres".

En segunda instancia, el eje vertical del libro (que incluye poemas de *Traslaciones* y también de *Rotación*) se relaciona con sus elementos aéreos: cielo (nubes, viento), astros (luna, constelaciones), copas de los árboles, aves (albatros, gaviotas, garzas), murciélagos, insectos (luciérnagas, mariposas), cactus (biznagas, pitahayas) y algunos seres sobrenaturales (ángeles y fantasmas).

Verdadero lugar de las transformaciones, en el ángulo creado por la intersección de los dos ejes poéticos de *Constelación Axólotl* se da la resurrección de la carne mediante la cópula de los contrarios (masculino-femenino) y el encuentro de lo telúrico con lo etéreo da lugar a la líquida y neoténica pulsión del hombre, siempre inmaduro, larval, buscando eludir a la muerte al extender la carne en la carne misma (gracias a las constantes metamorfosis del coito), ahí donde la lengua terrestre y el corazón etéreo se

---

[1] "En esa forma, la iguana y el colibrí, horizontal y vertical del universo latinoamericano, no en nudo central como el águila y la serpiente, sino a partir del vértice que forman a la izquierda del plano, establecen una realidad orgánica en la que queda representado el intelecto de la América nuestra." [López Moreno, R., *Morada del colibrí (Poemurales)*, Instituto Politécnico Nacional, México, 2004, pp. 10].

anudan y aniquilan, poesía anfibia en la que vuela y mora el ajolote: espejo e imagen nuestra, hijo lúbrico del tiempo.

Si bien el ajolote es una proyección simbólica y terrestre del falo (horizontal y vertical), el vértice derivado representa el sexo de la mujer (pliegue, abismo, vulva, clítoris): charco angular del cielo, agua de los espejos que reproduce la carne y la borra con fuego, sustancia anfibia en la que hombre y mujer se inmolan en sacrificio copulatorio para engañar a la muerte y resucitar, nuevamente desnudos, aunque siempre como ajolotes.

Conjunción de vegetalidad floral (vertical) y animalidad anfibia (horizontal), celebración de la dualidad mítica y humana, el movimiento traslacional y rotacional de los poemas de *Constelación Axólotl* es un viaje concéntrico y sin retorno del poeta al interior de sí mismo, y un excéntrico vuelo en la carne de la mujer, lugar de escritura donde sus neoténicas y carnales pasiones dejan tatuadas las perennes huellas de su transmutación vital, amatoria.

4.

Urodelo en inmutable estado larval y en peligro de extinción, el ajolote (*Ambystoma mexicanum*) es un anfibio endémico de la Ciudad de México capaz de regenerar casi cualquier parte de su cuerpo, además de ser carnívoro estricto.

Símbolo de la mexicanidad y maravilla de la evolución biológica, sobre este pequeño animal han escrito diversos autores. Todo perplejidad, Julio Cortázar dijo "ahora soy un axolotl"; el lúbrico Juan José Arreola lo imaginó "*lingam* de transparente alusión genital"; Octavio Paz lo bautizó "nombre antiguo del fuego", y Roger Bartra enjauló al mexicano en la infantil melancolía del ajolote, porque según José Emilio Pacheco "encarna el temor de ser nadie".

Heredero de la misma tradición literaria, el poeta Alejandro Reyes ha escrito sobre la piel híbrida y anfibia de estas páginas, su metamórfica y mítica *Constelación Axólotl*, cuya incandescente y vital poesía regenerará la chispa del asombro en el lector, pues en palabras del poeta: "como axólotl continúo mi viaje a ningún lugar". Tal es nuestro origen y destino.

San Cristóbal de Las Casas, Chiapas, Centroamérica, marzo de 2017

AXOLOTL CONSTELLATION
CONSTELACIÓN AXÓLOTL

To Silvia.

By the flight through that azure and red sky.

A Silvia.

Por el vuelo a través de ese cielo azur y rojo.

The axolotl of our almost dead waters does not surpass the larval stage. Neither fish nor salamander, nor toad nor lizard, it possesses humanoid features and is, like us, the quintessential inhabitant of Nepantla, the birthplace of Sor Juana, the middle ground, the place of no one, the enclosure and the tomb of those of us who, along all of our metamorphoses, do not really become adults, and the only thing we know is reproducing ourselves.

[**José Emilio Pacheco, 2009**]

El axólotl de nuestras aguas casi muertas no sobrepasa el estado larvario. Ni pez ni salamandra, ni sapo ni lagarto, posee rasgos humanoides y es, como nosotros, el habitante quintaesencial de Nepantla, la cuna de Sor Juana, la tierra de en medio, el lugar de nadie, el recinto y la tumba de quienes, a lo largo de todas nuestras metamorfosis, tampoco llegamos de verdad a ser adultos y lo único que sabemos es reproducirnos.

[**José Emilio Pacheco, 2009**]

TRANSLATIONS

... this feeling that there,
Where in your body ends my body, there is no end.
                                    [Aleš Šteger]

TRASLACIONES

...esta sensación de que allí,
Donde en tu cuerpo termina mi cuerpo, no hay fin.
                                    [Aleš Šteger]

MARCH

A

Defeated by chance, the equinox is the opportunity to find you between the blue sky and the beating wings that spawn the first cyclone of summer.

In the soles, dust of prayers and orgies; moors and seas; cornices, prisons, graves and verses of cursed poets.

Your nipples, rising under the blouse, the only sureness to return to the Constellation from which I fled. I suck them. My penis points to the portico where moistures begin to open between your legs. I do not want to go back; finally, a sense of exile arises.

> [Your door to heaven
> an infinite journey
> toward myself.]

MARZO

A

Derrotado por el azar, el equinoccio la oportunidad de hallarte entre el celeste y el batir de alas que gestan el primer ciclón del verano.

En las suelas polvo de preces y orgías; páramos y mares; cornisas, cárceles, fosas y versos de poetas maldecidos.

Tus pezones, levantándose bajo la blusa, única certeza de regresar a la Constelación de la que huí. Los libo. Mi pene me apunta al pórtico que las humedades comienzan a abrir entre tus piernas. Ya no quiero volver; finalmente surge un sentido al destierro.

> [Tu puerta al cielo
> un infinito viaje
> hacia mí mismo.]

B

March, a coyote that overshadows lanterns, extinguishes fire and intimidates warheads with a look. The winter from which we fled without north or future, is howling; it freezes the night again.

Your silvery wings are shelter for uncertainty. With kisses I remove frost and distrust of their plumage. I can't stop. You no longer restrain my runaway longings.

Curiosity overcomes fear and you allow me to go over your skin until dawn. I reveal sensations and I find myself with the tinkling of the seconds; resonance of New Moon between your folds.

> [In your skin water,
> light, spring, wind;
> blue horizon.]

B

Marzo, un coyote que eclipsa linternas, extingue el fuego y amedrenta ojivas con la mirada. Aúlla el invierno del que huimos sin septentrión ni porvenir; hiela la noche otra vez.

Tus alas argentas amparo para la incertidumbre. Con besos retiro escarcha y desconfianza de su plumaje. No puedo detenerme. Ya no contienes mis ansias desbocadas.

La curiosidad vence el miedo y permites recorra tu piel hasta el albor. Revelo sensaciones y me descubro con el tintineo de los segundos; resonancia de novilunio entre tus pliegues.

> [En tu piel agua,
> luz, primavera, viento;
> horizonte azul.]

Alejandro Reyes Juárez

C

March slightly rains all the moons on the asphalt and its fords. The smell of wet soil permeates the bed where I get lost to find me.

I'm guided by your hands, mouth, hips and their gallop in the dark. You lead me, fastened to your buttocks, through an azure abyss anticipated in your pupils, until I scream all my deaths.

[A kiss from you:
boils the blood and I beat
my black wings.]

C

Brizna marzo, todas las lunas, sobre el asfalto y sus vados. Olor a tierra mojada impregna el lecho donde me extravío para encontrarme.

Me guían tus manos, boca, caderas y sus galopes en la oscuridad. Me conduces, sujetado a tus nalgas, por un abismo azur, anticipado en tus pupilas, hasta gritar todas mis muertes.

[Un beso tuyo:
hierve la sangre y bato
mis negras alas.]

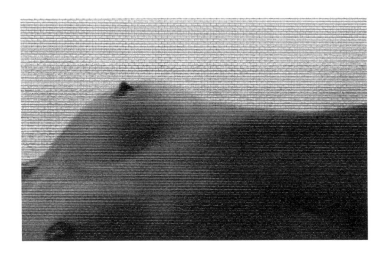

© Silvia Carbajal Huerta

Your nipples, rising under the blouse, the only sureness to return to the Constellation from which I fled.

Tus pezones, levantándose bajo la blusa, única certeza de regresar a la Constelación de la que huí.

APRIL

A

Unexpected rain of April carries, in its wings, the colors of the saurian that waits on the coffin that I inhabit. Unfathomable, he sniffs the texture of boreal sunsets. My steps are an echo there.

I collect fragments of stories, sneaking among *huizaches* to heal the night. I pin them on a necklace that I will give you when chance makes us come together once more.

I will not remember your back of waning moon or the taste of your orgasm or the accelerated heartbeat announcing it. Your glance, a throng of ants on my skin, will be the signal, as the wind sweeps the dust from the tombstones.

> [From your dream
> my epitaph dictated
> as a blue wind.]

ABRIL

A

Inesperada lluvia de abril se lleva, en sus alas, los colores del saurio que aguarda sobre el ataúd donde habito. Insondable olfatea la textura de atardeceres boreales. Ahí mis pasos son eco.

Recolecto fragmentos de historias, que entre huizaches se escabullen, para sanar la noche. Los engarzo en un collar que te obsequiaré cuando el azar nos haga coincidir una vez más.

No recordaré tu espalda de cuarto menguante ni el sabor de tu orgasmo ni los latidos acelerados anunciándolo. Tu mirada tropel de hormigas sobre mi piel, será la señal, mientras el viento limpia el polvo de las lápidas.

> [Desde tu sueño
> mi epitafio dictado
> como viento azul.]

B

I awake to the touch of your buttocks, the morning smiles and the month expands until day thirty-two.

The albatrosses you dreamed still flutter around the room. Lilies, clover and dandelions replace the carpet.

Before farewell we created the Axolotl Constellation; that which poets explore in their insomnia to spy on their most hidden fantasies.

The throbbing of hearts and laughter is everything. Love and happiness, immense words, but they don't define anything.

> [Dawn: your body,
> its light, flapping, singing,
> formerly.]

B

Despierto al contacto de tus nalgas, la mañana sonríe y el mes se expande hasta el día treinta y dos.

Los albatros que soñaste revolotean aún por la recamara. Lirios, tréboles y dientes de león sustituyen la alfombra.

Antes del adiós creamos la Constelación Axólotl; la que los poetas exploran en sus insomnios para espiar sus fantasías más ocultas.

El palpitar de los cardios y las carcajadas son todo. Amor y felicidad, inmensas palabras que no definen nada.

> [Alba: tu cuerpo,
> su luz, aleteo, canto,
> antes del tiempo.]

C

Wing-cases sound as they unfold; a pause to this deafening silence where yesterdays and perhaps bounce between the walls of the middle of the night.

Ignoring insomnia, I follow the scent of spring left by you in the hall, after your dream experiences where we always concur.

The unsuspected storm hides my footsteps, which are already climbing the stairs; let my caresses in your vulva wake you up.

Sway of your hips around my phallus and my hands multiplied on your flesh, they're traces that write, among embers, new stories.

Inquisitive, the dawn looks behind the glasses; it does not discriminate boundaries between dreaming and April covering the streets with jacaranda flowers.

Axolotls mutate into what they want: reptiles, birds, fish, *biznagas*, zephyr. The curtains come off; the metropolis is lust.

> [On my skin *Silvia*
> with the cactus flowers
> of our dreams.]

C

Suenan élitros al desplegarse; pausa a este silencio ensordecedor donde ayeres y quizás rebotan entre los muros de mitad de la noche.

Ignorado el insomnio, sigo el aroma de primavera, dejado por ti en la sala, tras tus experiencias oníricas donde siempre coincidimos.

La tormenta insospechada oculta mis pasos que ya suben los escalones; deja que te despierten mis caricias en tu vulva.

Vaivén de tus caderas alrededor de mi falo y mis manos multiplicadas sobre tu carne, los signos que escriben, entre brasas, nuevos relatos.

Intrigado el alba observa tras los vidrios; no distingue los lindes entre el sueño y abril que cubre con flores de jacarandas las calles.

Ajolotes mutan en lo que desean: reptiles, pájaros, peces, biznagas, céfiro. Las cortinas desprendemos; la metrópoli es lujuria.

> [En mi piel *Silvia*
> con las flores de cactus
> de nuestros sueños.]

MAY

A

The silver woman is still attentive to the crystal; the rain persists. She memorizes second by second what happens in the bedroom; looks for a meaning of the axolotl, who from my chest, halfway through the first dream, observes her: metamorphosis that starts in a pond between cliffs.

You have felt me die many times between your legs with your name on my lips. There are no lies or truths, just this lascivious flow between us that is not time either.

[You make love to me;
before notes of your skin,
time becomes silent.]

MAYO

A

Al cristal continúa atenta la mujer de plata; la lluvia persiste. Memoriza segundo a segundo lo que sucede en la alcoba; busca un sentido al ajolote, que desde mi pecho a mitad del primer sueño, la observa: metamorfosis que inicia en un espejo de agua entre riscos.

Me has sentido morir muchas veces entre tus piernas con tu nombre en mis labios. No hay mentiras ni verdades, sólo este fluir lascivo entre nosotros que tampoco es tiempo.

[Me haces el amor;
ante notas de tu piel,
el tiempo calla.]

B

Between your skin and my own there's only air. Your nails on my buttocks are responsible for fading it; the supplicating sexes find shelter for the orphanhood; a sky to flutter.

Night leaves in the room the dream smell of first rains; it is axolotl that returns to the lagoon after the wasteland exile. It doesn't matter if the wind trills at the window to the remains of Nod.

> [You rain dreaming
> over me and the earth
> until I am born.]

B

Entre tu dermis y la mía sólo aire. Tus uñas en mis nalgas se encargan de desvanecerlo; los sexos suplicantes encuentran cobijo para la orfandad; un cielo para revolotear.

La noche deja en la habitación el olor a sueño de las primeras lluvias; axólotl de regreso a la laguna después del exilio erial. No importa más que el viento gorjee a la ventana los restos de Nod.

[Llueves que sueñas
sobre mí y la tierra
hasta que nazco.]

C

I renounce May and its gospel of rain in which I blindly believed as a toad in the resurrection. Today, I convincingly follow, even to the ash, the paths of your burning skin.

> [Fire in your skin:
> a hell to enjoy,
> and I resurrect.]

C

Abjuro de mayo y su evangelio de lluvia en el que ciegamente creí como un sapo en la resurrección. Hoy convencido sigo, hasta la ceniza, los senderos de tu ardiente piel.

> [En tu piel fuego:
> un infierno por gozar,
> y resucito.]

JUNE

A

How to explain these dunes that walk on our bodies and the snakes drawing shadows of *pitahaya* on them?

What if the rain was not really our origin? Blindfolded we have been led by rivers born in the midst of oblivion without questions that oppose their stream.

I recognize every contraction of your sex, but it only names me today and I stop listening to the rain.

> [Between your folds,
> I find poetry;
> origin and end.]

JUNIO

A

¿Cómo explicar estas dunas que caminan nuestros cuerpos y las serpientes que plasman sombras de pitahayas sobre ellas?

¿Y si la lluvia en realidad no fuera nuestro origen? Con los ojos vendados nos hemos dejado conducir por ríos nacidos a mitad del olvido sin preguntas que se opongan a su riada.

Reconozco cada contracción de tu sexo pero, sólo hoy me nombra y dejo de escuchar la lluvia.

>   [Entre tus pliegues,
> encuentro la poesía;
>   origen y fin.]

B

The rain on the roof tiles fantasizes aloud with your tropical body. Dress and lingerie on the carpet are my ship wake on your turquoise sea, where our orgasms write with stars all the solstice, legends of covens and lost paradises.

Black iguanas, from the beach on which we divined each other, observe the sky until the Axolotl Constellation is tattooed on their pupils.

[Waves at dawn
refresh our bodies
exhausted from loving.]

B

La lluvia, sobre las tejas, fantasea en voz alta con tu cuerpo de trópico. Vestido y lencería en la alfombra, estela de mi boga en tu mar turquesa; donde nuestros orgasmos escriben, con astros todo el solsticio, leyendas de aquelarres y edenes perdidos.

Garrobos, desde la playa en la que nos adivinamos, observan el firmamento hasta tatuarse en las pupilas la Constelación Axólotl.

[Olas al alba
refrescan nuestros cuerpos
exhaustos de amar.]

C

The Deluge did not find any sins to carry, only June, our fears and indecisions that descended with the flood down the ravine.

The wet clothes hid our dampness, but not the lust that drew these red fish floating by the fir forest; they learned, among orchids, to trill fantasies.

[Demons run away
once they've blessed the night
with three orgasms.]

C

El Diluvio no encontró pecados que arrastrar, sólo junio, nuestros miedos e indecisiones que bajaron con la crecida por la barranca.

Las ropas empapadas ocultaron nuestras humedades, pero no la lujuria que atrajo a estos peces rojos que flotan por el abetal; aprendieron, entre orquídeas, a gorjear fantasías.

[Demonios huyen
al bendecir la noche
con tres orgasmos.]

JULY

A

Tláloc crushes the glass of the night. The blankets get in the way of our tropical bodies. With saliva and caresses we refresh ourselves while the bars of the bed support us in the hope of not letting us fall.

The muddy shoes wait in the doorway to walk the day with new strength, once we've folded our wings; after dying and resurrecting, without costumes or masks, to create a piece of heaven and its particular god, before the moon's spy gaze through the windows covered with mist.

[Time, space;
they find another sense
between your thighs.]

JULIO

A

Tláloc tritura el cristal de la noche. A nuestros cuerpos trópico estorban las cobijas. Con saliva y caricias nos refrescamos mientras los barrotes de la cama nos sostienen con la esperanza de no dejarnos caer.

Aguardan en el umbral los zapatos con fango para caminar con nuevos bríos el día al guardar nuestras alas; después de morir y resucitar, sin disfraces ni máscaras, para crear un pedazo de cielo y su dios particular, ante la mirada espía de la luna a través de los cristales cubiertos de vaho.

[Tiempo, espacio;
hallan otro sentido
entre tus muslos.]

B

Behind the window, the rain draws salamanders that elude fire. Their gills, emphatic tornadoes, absorb your remembrance of silica.

Face-to-face at the crossroad discovered on an opal day, I could not escape. My steps found rest in your spring.

A drop fades the ink; signs become illegible. Without memory and without faith I pull the trigger.

> [The world ends,
> we rebuild it
> with caresses and kisses.]

B

Tras la ventana, la lluvia dibuja salamandras que eluden fuego. Sus branquias, insistentes tornados, absorben tu recuerdo de sílex.

Frente a frente en la encrucijada descubierta un día ópalo, no pude escapar. Mis pasos encontraron reposo en tu manantial.

Una gotera desvanece la tinta; signos vueltos ilegibles. Sin memoria y sin fe jalo del gatillo.

>[Termina el mundo,
> a caricias y besos
> lo reconstruimos.]

C

How to be with you without tearing off your clothes? I yearn, on your skin, to write the poem that letter-to-letter I have drawn from that dream where the breeze has evaporated, when touching our bodies shaken by lust.

You retire from the bonfire and leave me on the shore. You're gone with the twilight. From it, return the pelicans to pick up the bikini and your name that I did not finish pronouncing.

I find in your smile reminiscences of that walk in front of the sea and of those of that summer restrained under your clothes. Your hands unzip my trousers. My hands unzip your dress to begin the first verse at the end of your back.

[From dreams
this orphan desire.
Where are you now?]

C

¿Cómo estar contigo sin arrancarte la ropa? Apetezco, sobre tu piel, escribir el poema que letra a letra he hilvanado desde aquel sueño donde la brisa se evaporó al tocar nuestros cuerpos estremecidos por la lujuria.

Te retiras de la hoguera y me abandonas sobre el grao. Marchas al crepúsculo. De él vuelven los pelícanos para recoger el bikini y tu nombre que no terminé de pronunciar.

Descubro en tu sonrisa reminiscencias de ese paseo frente al mar y del verano contenido bajo la ropa. Tus manos bajan la cremallera del pantalón. Las mías, la del vestido para iniciar con el primer verso al final de tu espalda.

[Desde los sueños
este huérfano deseo
¿dónde estarás?]

© Silvia Carbajal Huerta

Sway of your hips around my phallus and my hands multiplied on your flesh, they're traces that write, among embers, new stories.

Vaivén de tus caderas alrededor de mi falo y mis manos multiplicadas sobre tu carne, los signos que escriben, entre brasas, nuevos relatos.

AUGUST

A

You know that underneath the skin, there is no Bonzo, you know that masks become blurred in the breeze; and you know of the trunk with thorns and throbs of pain kept under the pillow.

You know where the grave of God is; that on it I committed parricide, made love and got drunk; but also of the orphanhood that prevents me shaking loose the bats from my hair.

That I died one August, when the abyss surprised me, and that, on reviving, in the mirror I did not find myself.

But you do not know the origin of the axolotls that accompanied me at the funeral. You do not know because I also do not know.

> [The bird dies.
> You kept her singing yesterday
> for my requiem.]

AGOSTO

A

Sabes que no hay Bonzo alguno bajo la piel; que las máscaras se difuminan con la brisa; del baúl con púas y latidos guardado bajo la almohada.

Sabes dónde está la tumba de dios; que sobre ella cometí parricidio, hice el amor y me emborraché; pero también de la orfandad que impide sacuda los murciélagos de mi cabello.

Que morí un agosto, cuando el abismo me sorprendió, que al resucitar, en el espejo, no me hallé.

Pero no sabes el origen de los ajolotes que me acompañaron en las exequias. No lo sabes porque tampoco yo lo sé.

[El ave muere.
Guardaste ayer su canto
para mi réquiem.]

B

My angel arrives late, the death has won. At the end of the line the strokes of my writing become blurred; only waves of vanilla and ocher confused with the turrets, the hooting of sirens and this fear of dolphins that nibble the moon until the New Moon.

I thread verses for you in the bandage that tries to hold the bones in place. Metaphors of forests and beaches decorated with our orgasms look for a rhythm. Only you will find meaning in their ambivalence, and you will be able to reflect yourself naked in their crushed mirrors.

We will resist time. When the sky uncovers its lie and hell doesn't matter to anyone, just my eyes and your smile.

[Broken image;
small seeds on the page,
edict of ours.]

B

Mi ángel llega tarde, ganó la muerte. Al final de la línea se vuelven borrosos los trazos de mi escritura; sólo olas vainilla y ocre confundidas con las torretas, el ulular de sirenas y este miedo a los delfines que mordisquean la luna hasta el novilunio.

Hilo versos para ti en el vendaje que intenta sostener los huesos en su lugar. Metáforas de bosques y playas decoradas con nuestros orgasmos buscan un ritmo. Sólo tú encontrarás sentido a su ambivalencia y podrás reflejarte desnuda en sus triturados espejos.

Resistiremos el tiempo. Cuando el cielo descubra su mentira y el infierno a nadie importe, sólo mis ojos y tu sonrisa.

[Imagen rota;
grana sobre la página,
edicto nuestro.]

C

There is something in the clouds and their ability to carve mirrors of fantasies, to write poems, so they have me lying attentive to their verses and their summer rhythm.

The water runs along the ditches, along the slopes of the alleyways. In my ears the last verse of the cumulus; in our bodies their blessing overflowing our lust.

> [Once love is made,
> let's play in the rain;
> be the silence.]

C

Algo hay en las nubes y su habilidad para tallar espejos de fantasías, de escribir poemas, que me tienen tendido atento a sus versos y su ritmo veraniego.

El agua corre por las acequias, por las pendientes de los callejones. En mis oídos el último verso de los cúmulos; en nuestros cuerpos su bendición desbordando nuestra lujuria.

> [El amor hecho,
> juguemos en la lluvia;
> que el silencio sea.]

SEPTEMBER

A

We evoke the flights, until tarnishing the windows of all the lovers in this room. We are, like time, everything and nothing; past tense and cloud presentiments to the zenith in the plain.

The necktie finds its meaning: bandage for my eyes while you wear only my shirt, ready once again to gallop up, to create fireflies and cause the mutation of the axolotl.

At daylight, we will continue clandestine, under uniforms and masks. Outside, the avenue by which we will march in opposite directions, extends to oblivion. Memory and hope; as nation and poetry, nothing and everything.

[Tonight
passion and caresses:
sky and emptiness.]

SEPTIEMBRE

A

Evocamos los vuelos, hasta empañar las ventanas, de todos los amantes por esta habitación. Somos, al igual que el tiempo, todo y nada; pretérito y presentimientos de nube al cenit en el llano.

La corbata encuentra su significado: venda para mis ojos mientras vistes sólo con mi camisa, dispuesta, una vez más, a galopar hasta crear luciérnagas y provocar la mutación del ajolote.

Con el día, seguiremos clandestinos bajo uniformes y antifaces. Afuera la avenida, por la que marcharemos en direcciones opuestas, se extiende hasta el olvido. Recuerdo y esperanza; como nación y poesía, nada y todo.

[En esta noche
pasión y caricias:
cielo y vacío.]

B

Until I drive away from your memory all the ghost visitors of your nights, I wear down my tongue on your clit. At last my name you remember. You whisper it, you scream; cyclone that gains strength when it touches ground.

Speechless, I get you to listen to what my letters were not able to tell you, about the amphibian that inhabits me, its migrations by the borders of dawn and the heart lost on a rainy Friday in September...And we cry.

[Sex, silence;
to the rubbing of the bodies
the poem emerges.]

B

Hasta ahuyentar de tu memoria todos los fantasmas visitantes de tus noches, desgasto mi lengua en tu clítoris. Por fin mi nombre recuerdas. Lo susurras, gritas; ciclón que al tocar tierra cobra fuerza.

Mudo consigo que escuches, lo que mis letras no pudieron decirte, sobre el anfibio que me habita, sus migraciones por las fronteras del alba y el cardio extraviado un lluvioso viernes de septiembre…Y lloramos.

> [Sexo, silencio;
> al roce de los cuerpos
> emerge el poema.]

C

When the shipyard is abandoned, the storm transcribes sea epilogues on its corners. They all went to close their windows and dust off a little faith. Only a herd that sniffs the windward, and I, with your panties in hand, remain as a challenge to the winds that insist on erasing everything.

Since this September return is impossible. Turn off the lamp on the nightstand that was tired of illuminating the letters of my insomnia along with the acrostics that name you in different ways. Please sleep, for sure we will meet; we always do it in the middle of the night. For now just the perfume of a March morning between your legs is the only ship capable of going through the storms.

> [From this dock,
> at the middle of the eclipse,
> I wait for your voice.]

C

Abandonado el astillero, la tormenta transcribe epílogos de mar sobre sus rincones. Todos fueron a clausurar sus ventanas y a desempolvar algo de fe. Sólo una piara que husmea los barloventos y yo, con tus bragas en la mano, permanecemos como reto a los vendavales que insisten en borrarlo todo.

Desde este septiembre imposible el regreso. Apaga la lámpara que sobre el buró se cansó de alumbrar las cartas de mis insomnios y los acrósticos que te nombran de distintas formas. Duerme, ya nos encontraremos; siempre lo hacemos a mitad de la noche. Por ahora sólo el perfume de mañana de marzo entre tus piernas es el único navío capaz de cruzar las tempestades.

> [Desde este muelle,
> a mitad del eclipse,
> tu voz espero.]

OCTOBER

A

Your nipples on my tongue, open a vortex to travel from death to life and vice versa; a memory that gives certainty to the flight between the fog and the men hanging under the bridges; it sets the pace of the flapping wings that are not distracted by the shots of grace in the walls, nor with that fear confused with the unexpected rain of October.

What taste does Thursday have? You ask me, with that attribute you have to ask difficult questions, only to smile when checking the madness of the words and my silences.

> [At dawn,
> dew on clovers,
> life in my bed.]

OCTUBRE

A

Tus pezones en mi lengua, abren un vórtice para viajar de la muerte a la vida y viceversa; un recuerdo que otorga certidumbre al vuelo entre la niebla y colgados bajo los puentes; marca el ritmo de los aleteos que no se distraen con los tiros de gracia en los paredones ni con ese temor confundido con la lluvia sorpresiva de octubre.

¿Qué sabor tiene el jueves? Me preguntas, con esa cualidad tuya de plantear interrogantes difíciles, sólo para sonreír al comprobar lo desatinado de las palabras y mis silencios.

[Al amanecer,
en tréboles rocío,
vida en mi cama.]

B

Windows walled, clothes fall over floor and furniture; impossible to get rid of masks. Outside, the poplars also undress to the rhythm of the first frost.

The curious flesh, moist and trembling, finds in each caress, in each kiss, an opportunity to be fire and to incinerate itself. A Maenad song sprouts from the ember.

Females and males flowing their rivers to become ocean, constellation, universe; axolotls reversing their metamorphosis, after breathing the air of the moor, to return to the scarlet water of their origin.

[Our lewdness
meet in the corner:
the skin is on fire.]

B

Tapiados los ventanales, sobre el piso y muebles las ropas caen; imposible deshacerse de caretas. Afuera, los chopos también se desnudan al ritmo de la primera helada.

La carne curiosa, húmeda y estremecida encuentra en cada caricia, en cada ósculo, una oportunidad para ser fuego e incinerarse. Un canto ménade desde el rescoldo brota.

Hembras y machos fluyen sus ríos hasta hacerse océano, constelación, universo; ajolotes revirtiendo su metamorfosis, después de respirar el aire del páramo, para volver al agua escarlata de su origen.

[Nuestras lascivias
en la esquina se encuentran:
se incendia la piel.]

C

The sidewalks, a surprise in this ordinary darkness; what end or beginning will we find? Your vulva beats on my tongue, my penis searches on yours for a verse.

Breathless, our pronounced names provoke this tender rain of October. After that, cold, and a magenta city; as axolotl, I keep traveling to nowhere.

> [There the desire,
> embers between the foldings,
> phoenix flight.]

C

Las veredas, una sorpresa en esta oscuridad de siempre; ¿qué final o qué comienzo hallaremos? Tu vulva late en mi lengua, mi pene busca en la tuya un verso.

Jadeantes, nuestros nombres pronunciados provocan esta lluvia tierna de octubre. Después frío y una ciudad magenta; como axólotl continúo mi viaje a ningún lugar.

[Allí el deseo,
entre los pliegues brasas,
vuelo de fénix.]

NOVEMBER

A

Summer. Your warm skin longs for a little breeze. You lift your hair and slide an ice along the base of your neck. It slides from your hand to travel on your back of waning moon. Diminished at the height of your waist, it turns to the right to continue, with a smile, by your buttock; by the softness of your thigh.

In the red afternoon of November, I collect, with the tip of my tongue, a drop of tepid water from the little hole behind your knee. It evaporates deep in my deserts: cumulus clouds run through the autumn.

> [Under the poplar's
> shadow, I await
> to drink of your water.]

NOVIEMBRE

A

Verano. Acalorada tu piel suplica un poco de brisa. Levantas la cabellera y deslizas un hielo por la base de la nuca. Resbala de la mano para recorrer tu espalda de luna menguante. Reducido, a la altura de tu cintura gira a la derecha para continuar, con una sonrisa, por tu nalga; por lo suave de tu muslo.

En el rojo vespertino de noviembre, recolecto, con la punta de mi lengua, una gota de agua tibia del huequito detrás de tu rodilla. Se evapora en lo profundo de mis desiertos: cúmulos recorren el otoño.

[Bajo la sombra
del álamo, espero
beber de tu agua.]

B

White butterflies ignore the fickle November sun on the marigold. Their flutter, glazed by the first frost, produces suddenness in tomorrow and gives meaning to the would-have-been in yesterday.

Recurring dreams that leave my tomb embrace your photograph and collect its secrets: the untold of your burning skin under that dress of long night and the omens that your look whispers.

Dogs bark, mist on the windows and the crackle of autumn in the candles warn of her presence in the room. Those spasms, produced by collecting dew from your sex, make me ejaculate spring larvae between humus and roots.

[Altar of the dead:
prayers and mezcal
for the lover.]

B

Sobre el cempaxúchitl mariposas blancas ignoran al voluble sol de noviembre. Sus aleteos, escarchados por la primera helada, producen derrepentes en el mañana y dan sentido al hubiera en el ayer.

Sueños recurrentes, que abandonan mi tumba, abrazan tu fotografía y recogen sus secretos: lo inédito de tu ardiente piel bajo ese vestido de larga noche y los augurios que susurran tu mirada.

Ladridos, vaho en los cristales y el crepitar del otoño en las veladoras alertan sobre su presencia en la habitación. Esos espasmos, producidos al recolectar rocío de tu sexo, me hacen eyacular larvas de primavera entre humus y raíces.

[Altar de muertos:
oraciones y mezcal
para el amante.]

C

I think in drizzle when I hear you talk about lines. I scrawl blunt when seeing the button that resists on your blouse.

The wind stirs the flames, I confuse the smoke with the fog of November; strolling the city from south to north with a white road of fireflies.

From this moorland I follow the passage of the cirrus. Ashes of your affections go with them. Will you listen to the prayers of axolotl that I utter from the scratched-off graffiti?

[I learn the air
but I can not fly,
When the cloud?]

C

Pienso llovizna al escucharte hablar de líneas. Garabateo rescoldo al ver el botón que resiste en tu blusa.

El viento aviva las llamas, confundo el humo con la niebla de noviembre; recorrer de sur a norte la ciudad con un sacbé de luciérnagas.

Desde este terregal sigo el paso de los cirrus. Cenizas de tus cariños se van con ellos. ¿Escucharás las plegarias de ajolote que profiero desde el graffiti allanado?

[Aprendo el aire
pero no puedo volar,
¿cuándo la nube?]

© Silvia Carbajal Huerta

The curious flesh, moist and trembling finds in each caress, in each kiss, an opportunity to be fire and to incinerate itself.

La carne curiosa, húmeda y estremecida encuentra en cada caricia, en cada ósculo, una oportunidad para ser fuego e incinerarse.

DECEMBER

A

The prickle makes my penis bleed on the stony ground of a Luvina that reproduces itself on December days. A vain attempt to make the *chicalote* herbs bloom.

You cannot find the jug in the dark. The smell of blood takes you to these walls where the calcinated flutters do not cease, and to these whispers of an uncertain time when the winds blow against insomnia.

You strip off your mourning outfit, except for the garter that frames your poppy universe. Thirst is stronger than fear, cold and sadness.

We drink, convinced that the sun will not return, from this lewd dew that covers our bodies until it gives off a fragment of that poultice of grief that cloaks *the living flesh of the heart*.

> [I drink from your flower;
> among the black garter belt,
> heaven drops.]

DICIEMBRE

A

La púa sangra mi pene sobre el pedregal de una Luvina que se reproduce con los días de diciembre. Vano intento por hacer que los chicalotes florezcan.

No encuentras el cántaro en la oscuridad. El olor a sangre te lleva a estos paredones donde no cesan los aleteos calcinados y estos murmullos de un tiempo incierto que los vendavales azotan contra el insomnio.

Te despojas de tu atuendo de luto, excepto del liguero que enmarca tu amapola universo. La sed es más fuerte que el miedo, el frío y la tristeza.

Bebemos, convencidos de que el sol no regresará, de este rocío lascivo que cubre nuestros cuerpos hasta desprender un fragmento de ese cataplasma de desconsuelo que envuelve *la viva carne del corazón.*

> [Bebo de tu flor;
> entre el liguero negro,
> gotas de cielo.]

B

Without sender. Cirrus clouds, from where I write, the floor of another dream in the moment you read these lines. You know the herald who can bring your answer.

I do not know whether to begin with seagulls exploring the trash in search of children with albatross cravings, or with tortoises in procession through the wilderness guided by howling wolves. To tell you of the ceiba tree where spells renew the ages, or about the *biznagas* dancing at dusk, dyeing it in orange.

None of that will serve to warm your linens, I know; nor soften the pillow on which you sleep. You'd think romantic gestures ended in the desk drawer, or, even worse, in a skin distinct from yours.

Indeed my voice is not the same, it has become more severe, dense and sparse, but only you can listen to it under the snow and feel its caresses between your thighs.

[Recipient
of these cloud-words,
sea of their origin.]

B

Sin remitente. Los cirrus, desde donde escribo, suelo de otro sueño en el momento en que lees estas líneas. Conoces al heraldo que puede traer tu respuesta.

No sé si iniciar por las gaviotas que exploran el basurero en busca de niños con ansias de albatros o con las tortugas en procesión por el desierto guiadas por aullidos de lobos. Contarte de la ceiba donde conjuros renuevan eras o de las biznagas que danzan al crepúsculo y lo tiñen de naranja.

Nada de eso logrará calentar tus sábanas, lo sé; ni ablandar la almohada sobre la que duermes. Pensarás que los gestos románticos terminaron en el cajón del escritorio o, peor aún, en una piel distinta a la tuya.

En efecto mi voz no es la misma, se ha hecho más grave, densa y dispersa, pero sólo tú puedes escucharla bajo la nieve y sentir sus caricias entre tus muslos.

> [Destinataria
> de estas palabras nube,
> mar de su origen.]

C

Whoever can see no possibility of perfection in asymmetry, has no eyes to look into the depths of the heart and rummage through its sediments.

Whoever has not walked the desert of the other, has no skin to feel the refreshing of a breeze that opens a hope on the horizon.

I myself have removed my corneas to love you in the middle of the night while this heart is the flutter of the hummingbird that longs to die between your hands and mouth, on the edge of obsidian; offering to the wind that goes through the underworld mirrors germinating this fire that burns us.

> [Let me drink
> the water of your sex
> to be reborn.]

C

Quien no puede ver posibilidad de perfección en la asimetría, no tiene ojos para mirar el fondo del corazón y hurgar entre sus sedimentos.

Quien no ha caminado el desierto del otro, no tiene piel para sentir lo refrescante de una brisa que abre una esperanza en el horizonte.

Me he extirpado las córneas para amarte a mitad de la noche mientras este cardio es el aleteo de colibrí que anhela morir, entre tus manos y boca, a filo de obsidiana; ofrenda al viento que recorre los espejos del inframundo donde germina este fuego que nos incinera.

[Déjame beber
del agua de tu sexo
para renacer.]

JANUARY

A

The snow arrives with its rumor of instants in which your skin was my country; the poem does not. Its shadow is not enough for the clock hands to turn left. To find the rhythm of silence and read the verses in the flakes that the wind blasts against my glasses.

Limited words for poetry I drank from your body and from the truth-prism of your smile. The descriptions of each minute in your wake do not apprehend the sensation of rebirth and death, to the beat of a sonata, in water mirrors at the edge of the abyss.

[Inside you, I.
Alone in the universe,
before the verb.]

ENERO

A

La nieve llega con su rumor de instantes en los que tu piel era mi país; el poema no. Su sombra no alcanza para que las manecillas del reloj giren hacía la izquierda. Para encontrar el ritmo del silencio y leer los versos en los copos que el viento estrella contra mis gafas.

Limitadas palabras para la poesía que bebí de tu cuerpo y el prisma verdad de tu sonrisa. Las descripciones de cada minuto en tus senderos no aprehenden la sensación de renacer y morir, al compás de una sonata, en espejos de agua sobre el abismo.

[Dentro de ti, Yo.
Solo en el universo,
antes del verbo.]

B

I retrace January under the storm. Snow does not preserve my prayers or your orgasms. Only the echo of my name, in different languages, pronounced by you. Chills shiver the night unto its firing walls.

Once the oil of the lamp has run out, from its wick ghosts evoke springs in which, down on my knees, I sipped moons to elude the gallows. Will the moon that hums a tango among *saguaros* be the same?

> [Our groans:
> prayer to time;
> pause at night.]

B

Descamino enero bajo la tormenta. La nieve no guarda mis plegarias ni tus orgasmos. Sólo el eco de mi nombre, en distintas lenguas, pronunciado por ti. Escalofríos estremecen de la noche hasta sus paredones.

Agotado el aceite del quinqué, desde su mecha, fantasmas evocan manantiales en los que arrodillado sorbí lunas para eludir el patíbulo. ¿La que entre saguaros tararea un tango será la misma?

>[Nuestros gemidos:
> oración al tiempo;
> pausa en la noche.]

C

The year begins and poetry dies in silence. I need your body-hope to survive: your hard breasts, your shaved pussy, your back of waning moon, your round buttocks; your hands and your mouth that heal everything.

Don't leave me in this corner of the night, waiting for that cold front that threatens with amnesia. Take me by the hand to cross the maze and take me to that place between your legs where the muses, the music and the madness dwell.

[There are no words
to understand your fire
nor your universe.]

C

El año comienza y muere la poesía en silencio. Necesito tu cuerpo esperanza para sobrevivir: tus senos duros, tu sexo depilado, tu espalda de cuarto menguante, tus nalgas redondas; tus manos y tu boca que todo lo sanan.

No me dejes en este rincón de noche, en espera de ese frente frío que amenaza con la amnesia. Tómame de la mano para cruzar el laberinto y llevarme a ese lugar entre tus piernas donde moran las musas, la música y la locura.

> [No hay palabras
> para aprehender tu fuego
> ni tu universo.]

FEBRUARY

A

Are you still behind the fog? I only listen to our wingless secrets drip over the dead leaves. Fish falling from the nets futilely seek to hold fast to the northern wind.

Flattened with scotch, the winter questions insist on the herons of the zenith. They fly from this tropic to where I guessed you once. Dust storms and some feathers are left between the cracks of the dry mud.

I am a toad with dreams of nagual. I await the first rains to come alive again and jump under your skirt. Drunk with humus I sex you until a drizzle forces me to open my eyes to realize the abyss of the night where the moon, from the gallows, is its wink.

> [Woman, I'm a toad,
> away azure and cumulus,
> a jump from Venus.]

FEBRERO

A

¿Aún estás detrás de la niebla? Sólo escucho nuestros secretos ápteros gotear sobre la hojarasca. Peces que caen de las redes e inútilmente buscan sujetarse al cierzo.

Abemoladas con whisky las interrogantes de invierno insisten en las garzas del cenit. Vuelan desde este trópico hasta donde alguna vez te adiviné. Tolvaneras y algunas plumas quedan entre las grietas del lodo seco.

Soy un batracio con sueños de nagual. Espero las primeras lluvias para resucitar y saltar bajo tu falda. Ebrio de humus fornico contigo hasta que un chipi chipi me obliga abrir los ojos para darme cuenta del abisal de la noche donde la luna, de la horca, es su guiño.

> [Mujer soy un sapo,
> lejos azur y cúmulos,
> a un salto Venus.]

B

The bard's corpse, drop by drop, condenses February. A jacaranda germinates between saltpetrous vertebrae. A violet background conjures up a proclamation of sovereignty over our demons, and there we love each other until become ashes, as expiation of the fire.

[If the word
dies, we raise it
in the flames.]

B

El cadáver del bardo, gota a gota, condensa febrero. Una jacaranda germina entre vértebras salitrosas. Fondo violáceo que conjura para proclamar la soberanía sobre nuestros demonios y donde nos amamos, hasta la ceniza, como expiación del fuego.

[Si la palabra
muere, la resucitamos
entre las llamas.]

C

With the blaze of our scarlet stories, the February morning stub burns again.

Tomorrow for what? If the dew stopped cooling, confused are cavities with new liturgies, and the exodus of penguins does not astonish.

Presentiment, wink, scent of dawn, mischief, kisses, games, erections, clothes without urgency on the floor; routes to be inaugurated on the skin.

Reality, saliva, strawberry flavor, madness, your clitoris, my penis, accelerated heartbeats, ejaculation; pause in the ashes. Brief death.

> [I still taste
> the sap I drank
> from your orchid.]

C

Con el rescoldo de nuestras historias escarlatas, la bachicha de mañana febreril arde nuevamente.

¿Mañana para qué? Si el rocío dejó de refrescar, confundidos están oquedades con nuevas liturgias y el éxodo de pingüinos no asombra.

Presentimiento, guiño, aroma de alba, travesuras, besos, escarceo, erecciones, ropas sin urgencia en el piso; en la piel rutas por inaugurar.

Realidad, saliva, sabor a fresa, locura, tu clítoris, mi pene, latidos acelerados, eyaculación; pausa en las cenizas. Breve óbito.

> [Aún saboreo
> la savia que bebí
> de tu orquídea.]

MARCH

D

You photograph my dreams. You show them to me one Sunday morning after making love.

You ask me to explain those images where the sea sings the afternoon and the smell of tangerine makes the butterflies smile.

It's like trying to explain the ambivalent and obtuse verses I write. Although you know well that photography is not an automatic act.

We've returned in order to incinerate, under the sheets, the remains of winter and the hours; we let our bodies look for the answers.

> [Blue and cold wind.
> I take refuge in your sex:
> flowering senses.]

MARZO

D

Fotografías mis sueños. Me los muestras una mañana de domingo después de hacer el amor.

Me solicitas explique esas imágenes donde la mar canta la tarde y el olor a mandarina hace sonreír a las mariposas.

Es como tratar de explicar los versos ambivalentes y obtusos que escribo. Aunque sabes bien que la fotografía no es un acto automático.

Regresamos a incinerar, bajo las sábanas, los restos del invierno y las horas; dejamos que nuestros sexos busquen las respuestas.

[Zarzagán azul.
Me refugio en tu sexo:
sentidos en flor.]

E

At the corner of Spring and what you call fate: to me, it's just random. A sensation of freedom thaws the bones and your nipples blossom in my mouth.

Why, if the desert was my home, and contemplation of the performance of light by the thorns was my food, do I long for the music of falling water and the smell of wet soil?

It was sudden and brief, the drizzle. Among its surprises, the southern region not suggested by the curves of your body; garment by garment was uncovered, in the end transforming me into an axolotl that dwells within the spring that wells between your thighs.

Your south rains no more, but the drizzle is an echo repeating your name till madness.

          [Before river
    you were thirst in an unplowed field;
            desire of night.]

E

A bocacalle la primavera y eso que tú nombras destino; yo, azar. Los huesos se deshielan con esa sensación de libertad y tus pezones florecen en mi boca.

Por qué si el desierto fue mi hogar y mi alimento la contemplación del performance de luz por las espinas, extraño la música del agua al caer y el olor a tierra mojada.

Fue repentina y breve la llovizna. Entre sus sorpresas el trópico que ni las curvas de tu cuerpo insinuaban; prenda a prenda fue descubierto y terminó por transformarme en el ajolote endémico de ese manantial entre tus muslos.

En el sur ya no llueves, pero la garúa es el eco que repite tu nombre hasta la demencia.

[Antes de río
ya eras sed en el erial;
deseo de noche.]

Alejandro Reyes Juárez

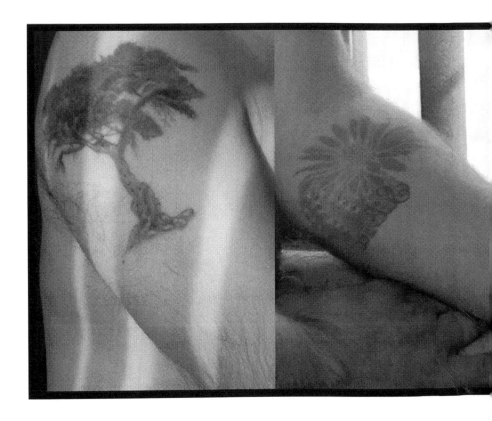

Axolotl Constellation

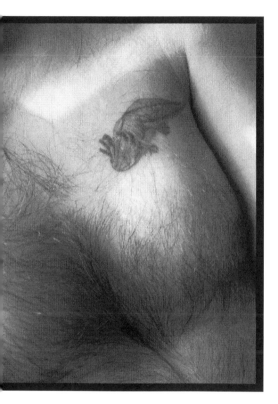

© Silvia Carbajal Huerta

Whoever has not walked the desert of the other, has no skin to feel the refreshing of a breeze that opens a hope on the horizon.

Quien no ha caminado el desierto del otro, no tiene piel para sentir lo refrescante de una brisa que abre una esperanza en el horizonte.

ROTATION

...and so the two of us together inhabited the places chosen by the fire, and already under the flame and the figs, two who were dying of fire...
[Balam Rodrigo]

ROTACIÓN

...y así los dos juntos habitábamos los sitios elegidos por el fuego, y ya debajo de la llama y de los higos dos los que moríamos de lumbre...
[Balam Rodrigo]

23:44

Through mirrors we look for dawns; New Moons to the east of Eden. With the index in the mist we draw: melodies and phantom birds.

Night firefly, your gift, from a time that now seems buried; when we were lovers, Adam and Eve; albatross wings, strand in the desert.

From the line that divides the sea, you have a presentiment of me riding my letters. A rain comes down by your legs and names me. We finally reunite in orgasm.

> [If after so many deaths we find ourselves
> in the flight of the fireflies,
> What is time?]

23:44

A través de espejos buscamos albas; novilunios al este del edén. Con el índice en el vaho trazamos: melodías y pájaros fantasmas.

Noche luciérnaga, tu obsequio, de un tiempo que parece sepultado; cuando fuimos amantes, Adán y Eva; alas de albatros, brizna en el desierto.

Desde la línea que la mar divide, me intuyes para cabalgar mis letras. Una lluvia desciende por tus piernas y me nombra. Nos reunimos al fin en el orgasmo.

>[Si después de tantas muertes nos encontramos
>en el vuelo de las luciérnagas,
>¿qué es el tiempo?]

7:18

Not all past has passed, not all breeze drags the dead leaves. Entangled between silences and thorns, I am still the always-stranger.

At the mere contact of our bodies, all the blood boils through the arteries; strand on the sand of the desert. Feeling not held in words.

Silent I feed on that seed between your folds that opens the sky. I am here with no answers or questions, with unfolded wings at dawn.

Your voice is decoded as a caress. On this shore, my gaze is an echo lost in the cloudy day. Heartbeat on both sides of the abyss.

> [I will dream of you again
> setting fire to the night;
> I hope December burns on flames.]

7:18

No todo pasado ha transcurrido, ni toda brisa arrastra la hojarasca. Enredado entre silencios y púas, soy todavía el extraño de siempre.

Al solo contacto de nuestros cuerpos, toda la sangre hierve por las arterias; brizna sobre la arena del desierto. Sentir en palabras no contenido.

Mudo me alimento de esa semilla, que entre tus pliegues abre el cielo. Estoy aquí sin respuestas ni preguntas, con las alas al alba desplegadas.

Tu voz descifrada como caricia. En esta orilla, mi mirada es eco; que en lo nublado del día se pierde. Latido a ambos lados del abismo.

[Volveré a soñarte
prendiéndole fuego a la noche;
espero las llamas calcinen diciembre.]

11:25

A garden, some clothes, a disguise; an emptiness between our paths. Times unable to adjust, with the fire burning in this bed.

In this attempt till death, I discover the dimensions of your skin, the ocean in your gaze; lustfulness gnaws scabs of the heart.

Kiss by kiss I stop being a shadow; I'm more than breeze with each caress. Until this fear fades away, look at me and keep me inside of you.

Open your eyes; I materialize. The finger tips restless by your flesh which throbs until vertigo, tracing routes they long to converge.

> [Winter arrives and cools this bed.
> The heart, still warm on it,
> tells nothing to you.]

11:25

Un jardín, unas prendas, un disfraz; un vacío entre nuestros caminos. Destiempos imposibles de ajustar, con el fuego que arde en esta cama.

En este intento hasta el óbito, descubro las dimensiones de tu piel, el océano que hay en tu mirada; lascivias roen costras del corazón.

Beso a beso dejo de ser sombra; a cada caricia algo más que brisa. Hasta que este miedo se desvanezca, mírame y mantenme dentro de ti.

Abre los ojos; me materializo. Las yemas andariegas por tu carne, la cual hasta el vértigo palpita, trazan rutas que anhelan converger.

[Arriba el invierno y enfría esta cama.
El corazón, aún cálido sobre ella,
nada te dice.]

17:37

Coffee and a minute for everything. First flutters of a flight. Make a horizon of the night. Feel the eternity of a kiss.

You, suddenly in the middle of a dream. How to reflect that in a verse? It must caress your body and essence. How to write it from your lips?

You return with the breeze little by little, over there, where I dreamed of you in winter. Snow in the heart again. A dagger that erases the axolotl.

> [Make of January an orchid,
> your skill.
> A hummingbird drinking from it, my dream.]

17:37

Café y un minuto para todo. Los primeros aleteos de un vuelo. Hacer de la noche un horizonte. Sentir la eternidad de un beso.

De repente tú a mitad del sueño ¿Cómo reflejarlo en algún verso? Que acaricie tu cuerpo y esencia ¿Cómo escribirlo desde tus labios?

Vuelves con la brisa poco a poco, allá donde te soñé un invierno. Nieve otra vez en el corazón. Una daga que borra el axólotl.

[Hacer de enero una orquídea,
tu oficio.
Un colibrí bebiendo de ella, mi sueño.]

19: 44

How do I catch that armadillo? The one who made of the dawn of May (or was it June and its dog days?) a blush blue winter.

What paths will he travel now? He knows about the echoes of time. Those that resonate, when I look at me in your eyes after the orgasm.

Why does the caress of flame, howled to the east by the fire eater, remind me of the candles of that night ?; only light in the middle of the desert.

Shared coffee and tequila, heat chasing away the forgetfulness. The gray coffin, drawn dream; flutterings singing our future.

I'll keep trying in the fog. In the meantime, let our lasciviousness erase: the uncertainty of the minutes; the shadows that reach the twilight.

> [Winter breaks,
> in the middle of the falling jacarandas.
> Your skin the only shelter.]

19: 44

¿Cómo atrapo ese armadillo? Ése que hizo del alba de mayo (¿o era junio y su canícula?) un invierno azul arrebolado.

¿Qué caminos ahora recorrerá? Él sabe sobre los ecos del tiempo. Ésos que resuenan, al mirarme, en tus ojos después del orgasmo.

¿Por qué la caricia de la flama, aullada al este por el traga fuegos, me recuerda los cirios de esa noche?; única luz a mitad del desierto.

El café y tequila compartidos, calor ahuyentando el olvido. El féretro gris, sueño dibujado; aleteos que cantan nuestro porvenir.

Seguiré intentando en la niebla. En tanto, que nuestras lascivias borren: la incertidumbre de los minutos; las sombras que llegan al crepúsculo.

[Irrumpe el invierno,
a mitad de la caída de las jacarandas.
Tu piel el único resguardo.]

4:04

You know my soul with its lust; with its tombs, demons and its faith, revealed in verses written with kisses, over all of your back.

[My letters undress you;
I find verses in your body
and between spasms, the poem.]

4:04

Conoces mi alma con su lujuria; con sus tumbas, demonios y su fe, revelada con los versos escritos, con besos, por toda tu espalda.

> [Mis letras te desnudan;
> hallo versos en tu cuerpo
> y entre espasmos, el poema.]

00:00

a
[Plowing the nadir:
harvest of moon butterflies;
a gift to lengthen your insomnia on me.]

00:00

a

[Arar el nadir:
cosecha de mariposas luna;
obsequio para alargar tus insomnios en mí.]

b
[April dream of the iguana
warming the winter waves.
In Silvia's thigh its tattooed image.]

b
[Sueño abril de la iguana
entibia del invierno sus olas.
En el muslo de Silvia su imagen tatuada.]

Alejandro Reyes Juárez

c
[Another one hanged in the heart
and a walk that marches nowhere.
Your photograph is a window through which the wind insists with your aroma.]

Axolotl Constellation

c

[Un colgado más en el corazón
y un andar que marcha a ningún lado.
Tu fotografía una ventana por la que el viento insiste con tu aroma.]

d
[Behind the windows, your look.
I draw on this sheet of night:
caress, fireflies, equinox, handgun.]

d

[Detrás de los cristales, tu mirada.
Dibujo sobre esta hoja de noche:
caricia, luciérnagas, equinoccio, revólver.]

e
[I return from the echo, I can not find you any more.
Word unable to decipher the labyrinth of the dream
from which you have named me.]

e

[Regreso del eco, ya no te encuentro.
Palabra incapaz de descifrar el laberinto del sueño
desde el que me nombraste.]

Alejandro Reyes Juárez

f
[Memory loses all its tenacity.
Among the fragments that are fleetingly anchored to it,
only the nights on your skin have brilliance.]

f
[La memoria pierde toda tenacidad.
Entre los fragmentos que fugazmente se anclan a ella,
sólo las noches en tu piel tienen brillo.]

Alejandro Reyes Juárez

Alejandro Reyes Juárez (Mexico City) has been living in Ixtapaluca, State of Mexico, for more than fifteen years.

He is a Doctor of Research in Social Sciences (FLACSO-México), has a diploma in Literary Creation (INBA), and has participated in poetry workshops coordinated by, among others: Carmen Alardín, Eduardo Cerecedo (in the FARO de Oriente), Eduardo H. González, María Rivera, Raúl Renán, Héctor Carreto and Ernesto Lumbreras.

He has published *Echoes and Silences* (Eterno Femenino, 2011) and *To the Edge* (Tintanueva, 2013); and he has compiled *Against Oblivion: Poems for the Evocation of the Absentees* (Alja, 2015). His poems and short stories have been included in various anthologies and magazines, among them *De Neza York a Nueva York / From Neza York to New York*. (Cofradía de Coyotes, 2015). He has also published textbooks and research reports, among which are: *Adolescences Between Walls: The secondary School as Space for the Construction of Youth Identities* (FLACSO, 2009); *Beyond the Walls: Rural Adolescences and Student Experiences in Telesecundarias* (COMIE, 2011), and *History 1 and 2* (Larousse, 2013).

He won First Place in the *Third Contest of Poetry, Francisco Javier Estrada* in 2011; was *National Prize of Poetry Tintanueva* in 2013, and finalist in the *Second Contest of Literary Creation, UNAM-San Antonio-Letters at the Border,* 2014, in the category of fiction.

Alejandro Reyes Juárez

Alejandro Reyes Juárez (Ciudad de México), radica desde hace más de quince años en Ixtapaluca, Estado de México.

Es Doctor en Investigación en Ciencias Sociales (FLACSO-México) y Diplomado en Creación Literaria (INBA). Ha participado en talleres de poesía, coordinados, entre otros, por: Carmen Alardín, Eduardo Cerecedo (en el FARO de Oriente), Eduardo H. González, María Rivera, Raúl Renán, Héctor Carreto y Ernesto Lumbreras.

Ha publicado *Ecos y silencios* (Eterno femenino, 2011), *Al filo* (Tintanueva, 2013) y compilado *A contraolvido. Poemas para la evocación de los ausentes* (Alja, 2015). Poemas y cuentos suyos han sido incluidos en diversas antologías y revistas, entre éstas en *De Neza York a Nueva York/ From Neza York to Nueva York.* (Cofradía de Coyotes, 2015). También ha publicado libros de textos y reportes de investigación, entre los que se encuentran: *Adolescencias entre muros. La escuela secundaria como espacio de construcción de identidades juveniles* (FLACSO, 2009) *y Más allá de los muros. Adolescencias rurales y experiencias estudiantiles en telesecundarias* (COMIE, 2011); *Historia 1 y 2* (Larousse, 2013).

Fue Primer lugar en el *Tercer Certamen de Poesía Francisco Javier Estrada*, en 2011, *Premio Nacional de Poesía Tintanueva 2013*, y finalista en el *II Certamen de Creación Literaria UNAM-San Antonio-Letras en la Frontera 2014* en la modalidad de cuento.

Made in the USA
Middletown, DE
16 February 2024

49223420R00085